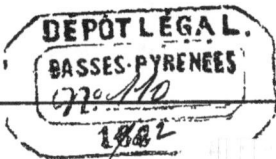

PRÉCIS

SUR

LES USAGES LOCAUX DE LA VILLE

ET DE LA BANLIEUE

RÉDIGÉ

Sous la direction des Juges de Paix de PAU

— (EST & OUEST) —

VENDU AU PROFIT DU BUREAU DE BIENFAISANCE

SOMMAIRE :

Baux de Villas et Appartements garnis. — Fin du bail ; Contributions et Assurances. — Maisons et Appartements non meublés loués sans écrit : Durée ; Prix ; Résiliation ; Note. — Bail avec les fonctionnaires. — Contributions. — Assurances. — Eau de la Ville. — Éclairage d'escalier. — Réparations locatives. — Baux écrits. — Baux ruraux. — Métayage. — Louage des personnes. — Usages pour les Constructions : Clôtures ; Mur de maisons ; Jours de souffrance ; Égouts des toits ; Venelles. — Distances à observer pour certains travaux d'excavation. — Latrines. — Clôtures dans les campagnes. — Bornes.

Dépôt des Brochures chez les Greffiers des Justices de Paix :

M. Lauriot, Greffier du canton Est, 20, rue Bernadotte ;
M. Hourcade-Fargoa, Greffier du canton Ouest, 20, rue Facture.

PRIX : **50 CENTIMES**

PRÉFACE

———

Ce petit Recueil n'a aucun caractère officiel. Il est extrait des conférences avec des propriétaires, des agents de location, des architectes et des patrons. Il a pour but non-seulement d'éviter les démarches des habitants ou étrangers·qui veulent se renseigner sur les usages locaux, mais encore d'effacer de leur esprit certains préjugés sur de prétendus usages qui n'existent pas.

Les vieilles villes, de coutume, ont de nombreux usages anciens, mais Pau n'est pas une vieille ville. Au XVIIIe siècle, la ville n'était qu'un simple bourg aux environs du Château. En 1808, la ville n'avait que 8.725 habitants ; son accroissement rapide depuis 1840 l'a élevée à 35.000 habitants en 1902.

Il ne faut donc pas s'attendre à trouver beaucoup de vieux usages dans une ville neuve.

Ces vieux usages ont déjà fait l'objet d'une publication intéressante du regretté M. Joany, chef de division à la Préfecture. C'est le résumé d'un travail administratif fait dans le département par des Commissions cantonales répondant à un questionnaire sur les usages locaux dicté par des circulaires ministérielles des 26 juillet 1844 et 15 février 1855.

Toutes ces Commissions cantonales, présidées par les Juges de Paix, répondirent aux articles mentionnés par les circulaires art. 590, 593, 644, 645, 671, 674 sur les usages de culture; 1736, 1738, 1753, 1758, 1759, 1755 sur les usages en matière de location, et la loi du 6 octobre *1791* et *14* floréal an *XI* sur les usages de prairies, pâture, glanage, règlements d'eau, etc.

Nous renverrons souvent le lecteur à ce travail publié en *1868* par l'Imprimerie Vignancour; mais ce ne sont pas ces usages, la plupart ruraux, que désire connaître la catégorie d'habitants ou étrangers plus haut signalée ; ce sont les usages créés dans cette nouvelle ville pour les locations de maisons et de meubles et les engagements de domestiques, usages consacrés déjà par le temps et par les décisions des Justices de Paix et qui doivent être appliqués en l'absence de stipulations contraires en vertu des articles *1159-1160* du Code civil.

PRÉCIS

SUR

LES USAGES LOCAUX DE LA VILLE & DE LA BANLIEUE

———＞＜———

Baux de Villas et Appartements garnis.

Pour les villas et appartements garnis qui se louent à la saison, cette saison commence en septembre ou octobre et finit en mai ou le 1er juin au plus tard.

Aujourd'hui les étrangers demandent par baux écrits une durée plus courte.

Le paiement du loyer est fait la moitié par avance, lors de l'entrée en jouissance, et l'autre moitié le 1er février. L'agent de location est payé par le propriétaire si le propriétaire l'a chargé de lui procurer des locataires et si, dans ce cas, la location a été faite par l'intermédiaire de l'agent.

La location comprend, pour la maison ou villa, tous les meubles qui s'y trouvent au moment de la location excepté l'argenterie et le linge. Tous les meubles sont inventoriés à l'entrée et à la sortie du locataire par les intéressés ou par les agents de location choisis par eux.

Les agents prennent pour leur travail, des vacations de trois heures chacune ; toute vacation commencée étant due en entier. L'inventaire reste entre les mains du propriétaire. Si l'étranger demande un double de l'inventaire, il paye $^1/_3$ de vacation pour le travail de copie et $^1/_3$ pour récolement d'inventaire. Les vacations comptent depuis le départ de l'agent pour la villa jusqu'à son retour en ville. L'agent faisant l'inventaire est payé par celui qui lui commande ce travail.

Si à la fin du bail l'étranger retient l'appartement pour l'année suivante, il est d'usage de lui demander des arrhes de garantie, moyennant quoi on ne loue pas à d'autres.

Outre les meubles meublants, la location comprend les articles d'installation pour la lumière, l'eau, la sonnerie ; et, dans le rayon possible, la lumière et l'eau de la Municipalité.

Hors de la ville, le locataire a l'usage des parterres, pelouses, mais n'a pas droit aux récoltes de foin et grosses récoltes à moins de conventions écrites ; il n'a pas non plus le droit de tailler ou d'émonder les arbres fruitiers ou autres sans le consentement du propriétaire.

Les concierges sont des domestiques au mois et non à l'année, installés par les propriétaires.

Fin du Bail.

Avant la sortie, le récolement des meubles se fait contradictoirement, soit par les parties, soit par des agents de location. Tout ce qui est taché, dégradé, cassé et brisé faute de soins, doit être remplacé ou payé suivant sa valeur relative indiquée dans l'inventaire.

Lorsqu'une personne est décédée dans la maison par suite d'une maladie contagieuse, l'usage met la désinfection à la charge et aux frais du locataire [1].

Aujourd'hui, la désinfection est rendue obligatoire par la Municipalité lorsqu'il y a une maladie de ce caractère.

En cas de décès par suite de maladie contagieuse, le locataire doit une indemnité au propriétaire pour le préjudice moral qui lui est porté car, après des décès de cette nature, la location lui est difficile pendant un certain temps.

(Pour les désinfections, voir le Tarif général du Bureau municipal d'hygiène à la Mairie.)

CONTRIBUTIONS ET ASSURANCES. — Toutes les contributions sont à la charge du propriétaire ainsi que les assurances, à part celle des effets personnels du locataire et des risques locatifs ; cette dernière assurance, faite pour couvrir la responsabilité du locataire et de son personnel, est à la charge du locataire.

Les mêmes usages sont suivis pour les chambres gar-

1. — Il en est de même lorsque cette maladie n'est pas suivie de mort, au moment où le locataire quitte les lieux loués.

nics ne formant pas un appartement ; mais le linge y est fourni par le propriétaire.

Sauf convention contraire, la location de ces chambres n'est pas à la saison, mais au mois, et la relocation n'a pas lieu si le congé est donné régulièrement huit jours francs à l'avance.

Maisons et Appartements non meublés loués sans écrit.

DURÉE. — A défaut de bail écrit, la location, dans le pays, est faite à l'année pour les maisons et appartements non meublés.

(Voir le Recueil de M. JOANY.)

Il n'y a pas dans le pays de bail à durée incertaine ou illimitée comme les admettent le Code et l'usage de certains pays, ni de bail au terme de six mois et de trois mois, comme le croient certaines personnes venant du Nord.

Néanmoins la jurisprudence des Justices de Paix admet le bail à durée incertaine lorsqu'il est impossible de connaître l'époque de l'entrée en jouissance du locataire. Il arrive, en effet, que la location a commencé entre les auteurs du propriétaire et ceux du locataire, tous décédés sans laisser de police de bail écrite ou de quittances, de sorte qu'on ne connaît aucun point de départ, et il faut dès lors appliquer la loi sur le bail à durée indéterminée (article 1736 du Code civil).

PRIX. — Le prix du bail verbal se paye par trimestre et d'**avance**. C'est l'usage du pays.

RÉSILIATION. — Le bail verbal se résilie à la fin de l'année, mais il continue si on ne donne pas un congé régulier trois mois francs à l'avance.

A défaut de ce congé le bail reprend son effet pour une année nouvelle.

(Voir sur ce point le travail de M. JOANY,
cité dans la Préface.)

Quelques personnes ont cru, à tort, que pour faire cesser le bail verbal de magasins ou de locaux affectés à des installations industrielles, il fallait un congé donné six mois avant la fin de l'année ; le délai de trois mois est uniforme pour toutes les locations verbales à part les chambres isolées pour lesquelles il est de huit jours.

(Voir même Auteur.)

NOTE. — L'acte de notoriété cité par M. Joany fut rendu à la suite d'un arrêt de la Cour de Pau en date du 4 juillet 1833.

« Un aubergiste occupait, comme locataire, toute une
» maison. Il reçut congé trois mois avant l'expiration de
» son année de location qui finissait le 1er septembre.
» Il ne voulut pas sortir et prétendit que, d'après l'usage
» du pays, il avait droit à six mois comme ayant une
» industrie. Le Tribunal lui donna tort. Il fit appel et fit
» demander par son avoué, Me Castetnau, une enquête
» sur les usages; elle fut faite par M. Gachet, Juge de
» Paix. Après cette enquête, qui démontrait que l'usage
» de trois mois de délai était général pour toutes sortes
» de locations, l'appelant dut se désister de son appel,
» car on ne trouve pas trace d'un arrêt définitif au greffe
» de la Cour. »

Plusieurs personnes demandent si, pendant la durée de trois mois de congé, le locataire doit laisser visiter l'appartement.

Il n'y a pas d'usage sur ce point; mais il y a une jurisprudence des deux Justices de Paix.

Pourquoi la loi veut-elle que les locataires et propriétaires s'avertissent par un congé? C'est pour éviter la tacite reconduction et pour permettre aux parties de prendre leurs dispositions préalables : le locataire pour trouver un autre local, et le propriétaire un autre locataire. Mais comment ce dernier pourrait-il trouver un autre locataire s'il ne pouvait faire visiter le local? et le locataire comment trouverait-il ailleurs sans visiter? Si les visites étaient trop fréquentes il y aurait trouble dans la jouissance du locataire; mais la jurisprudence ci-dessus établit que, pendant les trois mois, on laissera visiter, à *certains* jours et *certaines* heures que la justice indique à défaut d'accord entre les parties.

Bail avec les Fonctionnaires.

Plusieurs personnes ont également demandé si le bail du fonctionnaire n'était pas résiliable par sa nomination dans une autre ville ?

Ce n'est pas un usage dans ce pays. La loi est suivie dans toute sa rigueur. Si le fonctionnaire établit une force majeure (départ de troupes, suppression d'emploi ou tout autre force majeure), le bail est résiliable par les principes même de tout contrat; mais la simple nomination dans une autre ville, dans un temps où tous les fonctionnaires ont la fièvre du déplacement pour l'avancement, ne suffit pas pour résilier. Des agents de location mettent la clause suivante dans les polices du bail : « En cas de changement, le fonctionnaire pourra partir en abandonnant le trimestre en *cours*. » C'est bien aléatoire, car s'il manque au fonctionnaire locataire huit jours pour finir son trimestre, il ne fait pas une grande concession ! Une clause par laquelle le fonctionnaire abandonnerait, dans ce cas, un trimestre entier, se concevrait mieux.

Contributions. — Assurances.

Dans les locaux non meublés, l'usage est que le propriétaire paye les impositions des portes et fenêtres sans recours contre le locataire.

Ce dernier paye les autres contributions ainsi que les assurances de ses effets personnels et contre les risques locatifs.

Eau de la Ville.

L'installation de l'eau de la Ville dans les maisons ne remonte qu'à 30 ans. Il n'y a pas d'usage établi pour savoir si le prix de l'eau est compris dans le prix du loyer ou bien s'il faut le payer en sus. Le propriétaire devra toujours s'expliquer sur ce point, car le locataire qui voit les robinets et tuyaux apparents et formant des immeubles par destination, quand il visite le local avant de louer, peut croire que la jouissance de l'eau est comprise dans la jouissance de l'immeuble ou de l'appartement qu'il loue et, par suite, dans le prix de son loyer.

Éclairage d'escalier.

Pour les maisons non garnies aucun usage ne met cette dépense à la charge du propriétaire pas plus que le nettoyage de corridors et d'escaliers.

Au contraire, l'usage met à la charge de chaque locataire le nettoyage de l'escalier qui mène à son appartement et de son palier ; le nettoyage du corridor ou vestibule d'entrée, qui sert de passage commun à tous les locataires, est également à la charge de tous ces locataires qui doivent s'entendre entr'eux pour le nettoyage de ce passage commun en y procédant un mois l'un et un mois l'autre, ou une semaine l'un et une semaine l'autre, à tour de rôle.

Réparations locatives.

L'article 1754, tout en énumérant certaines réparations locatives, met à la charge du locataire toutes celles qui sont établies par l'usage des lieux. L'usage local est de les faire apprécier par des hommes de l'art.

MM. les Architectes et les experts chargés d'examiner un local à la fin d'un bail font rentrer dans les catégories des réparations indiquées par l'article 1756 toutes celles qui s'y rattachent par analogie et qu'il est impossible d'énumérer en entier dans ce court précis.

Ainsi l'indication relative aux âtres, contre-cœurs, chambranles et tablettes de cheminées s'applique aux appareils de chauffage de toute nature, poëles, fourneaux, calorifères, carrelages de foyer, bouches de chaleur, ramonages.

Le mot recrépiement employé par la loi s'applique à la maçonnerie et à tous les matériaux dont elle est revêtue, plâtres, peintures, stucs, etc. Le locataire est tenu de faire boucher tous les trous qu'il a pu faire pour son usage soit dans les murs, soit dans les cloisons et faire tous raccords de tapisserie et de peinture. Cependant il n'est pas tenu de combler les trous faits par les clous si ceux-ci ont été enlevés avec précaution, sans détérioration et s'ils n'étaient pas d'une grosseur disproportionnée à leur service et cela en vertu de l'article 1732.

Aux réparations de pavés et carreaux des chambres il faut assimiler toutes les réparations des sols et planchers livrés aux locataires.

Aux réparations des gonds, targettes et serrures il faut assimiler tous les objets de quincaillerie mis à sa disposition.

Aux réparations des portes et croisées il faut assimiler toutes celles à faire aux menuiseries, non-seulement de l'habitation mais de ses dépendances ; le locataire est tenu de réparer le tout ou la partie qu'il a détériorée, par exemple, pour y placer de nouvelles serrures ou verroux de sûreté.

Aux vitres il faut assimiler toute vitrerie, même les glaces ; le locataire doit réparer toutes les vitres détruites par force majeure (grêle), mais non celles qui ont été cassées par l'imprudence ou la méchanceté d'autrui.

A cet égard, certaines personnes croient que l'usage est de ne faire payer que deux francs au plus à celui qui casse une glace ou une belle vitre de magasin. C'est un préjugé qui ne repose sur rien. Des jugements n'ont pas fait payer la glace entière à l'auteur d'un accident parce que, dans les cas soumis à la justice, il y avait deux fautifs : l'auteur de l'accident, responsable de sa maladresse ou de son imprudence et le locataire ou propriétaire qui a eu le tort d'exposer des glaces de prix très élevé sur des encadrements trop bas, dans des quartiers très fréquentés par les piétons et les voitures. Dès lors, il y a faute commune et chacun prend part à la perte.

Baux écrits.

Les gens du pays n'appellent bail que les locations écrites sur une feuille timbrée qu'ils nomment police. Un locataire qui n'a pas d'écrit dit : « Je suis au loyer mais je n'ai pas de bail. » Ainsi, pour lui, bail et loyer ne sont pas synonymes.

Dans l'usage, ces baux écrits se font pour périodes de trois, six, neuf années ; ce qui nécessite un avis ou congé de la part du propriétaire ou du locataire disant qu'ils n'entendent pas renouveler la deuxième ou la troisième période. A la fin de la troisième période on ne donne pas congé puisque le bail est écrit; on n'a pas alors à craindre la tacite reconduction faute de congé.

Le prix est payable par trimestre et aussi par semestre, mais ici tout est réglé par l'écrit.

La plupart des propriétaires tapissant leurs appartements et posant les sonneries, les appareils de lumière à l'escalier et les appareils d'eau, il faut rendre le tout en bon état, sauf l'usure normale. Les usages sont ceux déjà indiqués plus haut pour les baux verbaux et cela à défaut d'explication dans l'écrit (articles 1150 et 1160 du Code).

Baux ruraux. — Métayage.

Les baux à ferme écrits sont rares dans le pays pour les propriétés rurales ; quelques grandes propriétés seulement afferment ainsi.

Les baux à ferme verbaux de prés et de quelques pièces isolées sont très usités ; ces baux sont présumés faits pour un an conformément à l'article 1775 ; et, par suite d'un usage local, on exige que les parties se préviennent trois mois avant la fin de l'année qui commence le 1er novembre, pour éviter la tacite reconduction.

Le métayage, très usité au pays, se fait à l'année ; le

propriétaire fournit le bétail du cheptel dont le produit ou bénéfice se partage par moitié ; les parties sont dans l'usage de se prévenir par congé trois mois avant l'expiration du métayage qui a lieu le 1er novembre.

Louage des Personnes.

Sauf ce qui sera dit ci-après au sujet des domestiques employés aux travaux agricoles et des commis ou employés de magasin, le louage de domestiques ou gens de maison est, en principe, fait pour une durée indéterminée et réglé par l'article 1780 du Code civil.

Le maître et le domestique en contractant l'un avec l'autre n'ont pas, en effet, l'intention de ne se lier que pour un mois, bien que les paiements soient au mois ; mais l'article précité disant que la résiliation du contrat par l'une des parties donne lieu à des dommages-intérêts, il est d'usage de dédommager le maître en lui donnant huit jours de service de plus. Le maître aussi compte à son domestique huit jours de gages de plus pour qu'il parte de suite. Toutefois la justice accorde une indemnité plus élevée lorsque les parties contractantes ont usé de mauvaise foi ou de violence, ou dans les cas d'inconduite, d'infidélité, ou si les congés sont intempestifs ou arbitraires.

Les domestiques menés de pays étrangers suivent l'usage du pays où ils ont été engagés ; mais si le domestique est renvoyé d'une façon normale, soit d'un commun accord avec le maître, soit par l'expiration du temps de l'engagement, il est d'usage de le *rapatrier*, c'est-à-dire de lui payer le voyage jusqu'au lieu où il a été engagé, et cela, dans la même classe de voitures.

Les concierges et jardiniers sont au mois à défaut d'écrit ou d'explications contraires. Ces personnes, qui sont en famille et avec leurs meubles, ne jouissent pas, comme beaucoup d'entr'elles le croient, d'un délai spécial pour partir. Elles doivent, à défaut d'entente, demander un délai de grâce à la justice pour cause dûment justifiée.

Les domestiques pour l'agriculture, dans la campagne, sont engagés, selon l'usage, à l'année et ils sont payés tous les six mois ; le congé, pour éviter la tacite reconduction, se donne trois mois à l'avance.

Les commis et gens de magasin sont au mois s'ils sont payés au mois, et à l'année s'ils sont payés à l'année ; à défaut d'engagement explicite, le congé se donne huit jours d'avance pour l'engagement au mois et trois mois d'avance pour l'engagement à l'année.

Usages pour les Constructions.

CLOTURES. — Les murs de clôture sont établis en maçonnerie de 2ᵐ 60 centimètres de hauteur à partir du sol de celui des deux voisins qui a le sol le plus élevé. C'est la hauteur indiquée par l'article 663 pour les villes de moins de 50.000 âmes.

L'épaisseur du mur est, dans l'usage, de 40 centimètres.

La loi n'ayant pas indiqué la manière de clore les héritages, ni les matériaux à employer, ce sont les tribunaux qui décident, dans chaque cas, si telle ou telle clôture est suffisante ; et spécialement ceux-ci ont décidé, suivant l'importance des villes, que la palissade en bois ne suffit pas.

Dans la ville de Pau et les faubourgs qui sont considérés comme quartiers de villas, tout au moins jusqu'au périmètre de l'octroi, MM. les Architectes font toujours établir des clôtures en mur depuis très longtemps, de sorte que l'usage en est établi.

Si l'un des voisins n'est pas assez fortuné pour payer ces murs qui valent 12 à 14 fr. le mètre cube, il a deux partis à prendre : ou bien il délaisse à son voisin une bande de 20 centimètres de largeur en toute propriété. Ceci est conforme au principe du délaissement édicté dans les articles 656, 699, en matière de servitudes, et 2172 du Code civil en matière de droits réels, ou bien il accorde au voisin tout le terrain d'une largeur de 0ᵐ,40ᶜ, à condition de ne pas contribuer à tout ou partie des frais de construction : dans ce dernier cas, par l'accord des parties, le mur est déclaré mitoyen jusqu'à 2ᵐ,60ᶜ de hauteur.

MUR DE MAISON. — L'épaisseur des murs de maison est au minimum de 0ᵐ,50 centimètres.

Depuis une soixantaine d'années que MM. les Architectes et Entrepreneurs font de nouvelles constructions, on pratique les cheminées en enfoncement dans les murs en ne laissant au fond de la cheminée qu'une murette en briques dite contre-cœur. Cette murette n'a que 13 centimètres d'épaisseur ; elle est ensuite flanquée, à sa base, d'une plaque de fer dont elle est séparée encore par quelques matériaux l'isolant davantage de la chaleur du foyer.

Ces cheminées pratiquées en enfoncement ne permettent pas au voisin qui achètera plus tard la mitoyenneté du mur de pratiquer une cheminée sur le même point.

De là l'usage est venu de laisser au voisin autant de bases et conduits de cheminées qu'on en fait pour soi-même.

Cet usage n'a rien de légal puisque la loi ne renvoie pas aux usages sur ce point et il est prudent de s'entendre avec le voisin avant de bâtir pour la place à donner à ces cheminées ; sans quoi ce dernier n'est pas tenu de les accepter, mais s'il acquiert la mitoyenneté sans réserves, il accepte le mur tel qu'il est avec ses bases de cheminées placées d'avance en payant à raison de 40 fr. le mètre pour le mur en languettes et 12 à 14 fr. le mètre pour le mur plein. Et s'il veut faire d'autres cheminées en enfoncement il doit se conformer à l'art. 662 du Code civil pour faire régler par experts les travaux à faire à défaut de consentement du co-propriétaire son voisin.

On revient à l'ancien usage de pratiquer des cheminées en saillie contre les murs dans certains cas, notamment lorsque le mur n'est pas assez solide, ou est déjà trop creux pour y faire des cheminées en enfoncement.

Dans ce cas, il faut, en premier lieu, se conformer à l'article 662 précité, et puis il faut établir le boisseau de la nouvelle cheminée en appui seulement sur le mur, en pratiquant quelques arrachements pour l'y souder. On est obligé d'acquérir la mitoyenneté de toute la largeur du mur que l'on occupe avec le boisseau ; et, de plus, l'usage du pays est d'acheter la mitoyenneté du même mur à 33 centimètres de distance des deux côtés du boisseau ; cette distance est appelée *pieds d'ailes*. On est obligé d'agir ainsi parce que le poids du boisseau fatigue le mur à droite et à gauche et qu'il est nécessaire plus tard d'appliquer des échelles et des crampons pour le ramonage et le recrépiement. Les crampons ou étriers ne peuvent aller que jusqu'à moitié de l'épaisseur du mur.

JOURS DE SOUFFRANCE. — Le vieil usage du pays était de mettre aux jours de souffrance des barreaux de fer espacés de 11 centimètres et formant chacun 14 centimètres carrés de pourtour.

Le Code civil n'ayant pas admis les usages en pareille matière, l'article 676 qui prescrit des fenêtres à verre dormant et en fer maillé est seul applicable ; ces mailles doivent avoir une ouverture d'un décimètre de pourtour au plus.

MM. les Architectes exécutent la loi dans toutes les constructions nouvelles.

ÉGOUT DES TOITS. — Dans les vieilles constructions comme dans les nouvelles qui n'ont pas de chenaux de gouttières, l'égout des toits était fixé par l'usage à 25 centimètres en saillie du parement du mur de la maison.

VENELLES. — Les venelles étaient et sont encore des bandes de terrain laissées par les deux propriétaires limitrophes en communauté pour recevoir l'égout des toits, les eaux ménagères et les grosses matières.

Elles existent encore parce qu'on ne peut arbitrairement supprimer une propriété, mais elles sont règlementées dans un but de salubrité publique par l'arrêté municipal du 9 septembre 1874, qui dit :

« Article 12. — A partir du jour où les égouts fonctionneront, il sera formellement interdit aux propriétaires de se servir des venelles existantes comme conduits à ciel ouvert des eaux pluviales et ménagères et comme réceptable des matières putrescibles. »

La largeur des venelles est de 60 centimètres au mini mum, car les égouts des deux toits voisins ont chacun 25 centimètres et il faut une place, pour le forjet de l'eau, de 10 centimètres.

Malgré les prescriptions municipales, qui obligent tous les propriétaires riverains des rues acceptées par la Ville à se brancher à l'égout collecteur, les venelles ont encore leur utilité pour donner du jour, par les jours de souffrances, à certaines parties retirées des maisons (cabinets, escaliers).

Certains propriétaires ont cru à tort que la Ville les avait tout à fait supprimées, et rebâtissant leurs immeubles, ils ont pris la moitié de la venelle pour construire, tout en laissant l'autre moitié au voisin. Cette pratique n'est tolérée ni par l'usage ni par le droit.

La venelle étant un terrain mis en commun pour supporter certaines servitudes ou services d'eaux et matières diverses, et pour jours de souffrances, éviers, etc., etc., ne peut être détruite qu'avec le consentement des deux propriétaires limitrophes. C'est un inconvénient bien diminué et rendu inoffensif par les mesures d'hygiène de la Ville.

Distances à observer pour certains travaux d'excavation.

Les Commissions citées par M. Joany, dans son Recueil d'usages, ont répondu qu'il n'y en avait pas dans le pays pour les travaux d'excavation tels que puits, puisards, citernes, fosses à fumier, à purin, d'aisance, etc., et pour les constructions destinées à recevoir les matières enflammées ou corrosives, tels que fours, forges, usines, fourneaux d'usines, magasins de sels ou matières corrosives.

Mais depuis lors, en ville, un usage se fait : MM. les
Architectes et Entrepreneurs font les constructions excavées dont il est parlé plus haut à 1ᵐ 20 centimètres du mur
propre au voisin ou de l'axe du mur mitoyen avec le voisin.
Si on ne veut pas ou si on ne peut pas observer cette
distance, il faut alors faire, dans ces travaux, un contre-
mur de 40 centimètres qui ne soit pas adhérent avec le
mur du voisin. Avec la distance d'un mètre vingt centimètres, les fosses doivent toujours être cimentées. Si le
voisin veut faire des travaux semblables en regard des
vôtres, il doit observer les mêmes précautions.

Quand les travaux ainsi faits avec contre-mur dépassent le sol (tels que margelles de puits, magasins,
fours, etc.), il faut toujours, pour éviter de détériorer le
mur du voisin, une distance de 30 centimètres entre ces
travaux et le dit mur, c'est ce que les maçons nomment
« le passage du chat ».

Les travaux de relief sur le sol à faire pour les usines
et établissements dangereux sont réglés par l'arrêté du
19 septembre 1860 qui porte : « Que les fours et cheminées
» d'usines doivent être isolés de 0ᵐ 16 centimètres de tous
» autres murs et à 10 mètres de tout dépôt de bois et
» autres matières combustibles. La bouche en tête des
» cheminées sera à deux mètres au moins au-dessus des
» toits qui sont voisins dans un rayon de 20 mètres.
» Ajoutons que le même arrêté prescrit aux professions
» bruyantes pouvant troubler le repos des habitants,
» d'interrompre leurs travaux de 9 heures du soir à
» 4 heures du matin du 1ᵉʳ avril au 30 septembre, et de
» 9 heures du soir à 5 heures du matin, le reste de
» l'année.

» Les ateliers doivent être couverts et établis sur le sol.
» Un article prescrivant l'autorisation municipale pour
» les établir, a été annulé par arrêt de la Cour de Cassa
» tion du 19 février 1870. »

Latrines.

Ces constructions ne sont pas soumises à la distance
des fosses. Anciennement, elles consistaient en caisses de
maçonnerie en languettes, allant jusqu'à la moitié des
venelles, avec un simple siège et lunettes. Cet usage a été
aboli grâce à MM. les Architectes qui, bien avant l'arrêté
municipal, ont fait établir partout des cuvettes et des

tuyaux en fonte ou en poterie ; mais, dans les campagnes des cantons, l'ancien usage existe toujours. L'arrêté municipal « est celui du 9 septembre 1874, articles 8 et 9, » qui enjoignent de mettre partout des cuvettes inodores » et des tuyaux d'évent dans les cabinets et des cuvettes » en fonte avec obturateurs dans les éviers ».

Clôtures dans les Campagnes.

Les clôtures se font avec des haies et le plus souvent avec des fossés et des talus établis avec le relèvement des terres du côté du propriétaire du fossé. Les fossés ont une ouverture ou gueule de un mètre de largeur, d'après l'usage.

La hauteur des talus varie. Ces talus sont retenus par des arbres de diverses essences, le plus souvent des chênes qui sont étêtés à une hauteur d'un mètre (têtards) sur lesquels on laisse pousser un branchage pendant une période de 4 à 6 ans maximum, pour faire du fagot.

Dans le quartier vinicole des coteaux (canton Ouest), ces talus sont complantés de grosses souches de châtaigniers étêtés et qui produisent des baliveaux destinés à faire des échalas de vigne ou des douves.

Dans l'usage ces baliveaux sont coupés tous les 6 ou 8 ans (suivant la force de production du terrain où ils se trouvent) ; mais si on les laisse pousser au-delà de la période usitée, la jurisprudence les considère comme des arbres nouveaux et non comme des branches ; ils doivent alors être coupés à 2 mètres de hauteur, selon la nouvelle loi du 20 août 1881 et être placés à 50 centimètres du voisin.

Bornes.

Les cultivateurs ont l'habitude de se borner avec de grands galets de forme allongée qu'ils placent sur une brique ou sur un petit galet coupé en deux, trois ou quatre parties pouvant se raccorder (nommés témoins).

Mais ils dressent très rarement un procès-verbal de bornage, de sorte que leur pratique est défectueuse. Les bornes peuvent être déplacées par la malveillance, par les passages d'hommes et d'animaux, par les travaux des champs ou les incursions de l'eau, et alors il est difficile de retrouver la vraie ligne si on n'a pas un procès-verbal ou un plan pour se repérer.

Il est donc à souhaiter que cette pratique cesse.

La *cunge* est une barre, placée au bout des fossés entre les deux voisins, appuyant sur les deux fonds et garnie de fascines ou fagots ; elle empêche les animaux des voisins ou de la route de pénétrer dans les champs des propriétaires clos, et elle laisse néanmoins passer les eaux du fossé.

Elle constitue un droit d'appui réciproque sur les deux fonds, et elle se donne, dans l'usage, gratuitement.

www.ingramcontent.com/pod-product-compliance
Lightning Source LLC
Chambersburg PA
CBHW060732280326
41933CB00013B/2606